# LA BUENA SUERTE

ÁLEX ROVIRA
FERNANDO
TRÍAS DE BES

# LA BUENA SUERTE

CLAVES DE LA PROSPERIDAD

zenith

Primera edición en Zenith: octubre de 2019
Primera edición en esta presentación: febrero de 2020
Undécima impresión: noviembre de 2022


Zenith es un sello editorial de Editorial Planeta, S.A.
Avda. Diagonal, 662-664, 08034 Barcelona (España)
www.zenitheditorial.com
www.planetadelibros.com

Maquetación interior: sacajugo.com
ISBN: 978-84-08-22242-2
Depósito legal: B. 1212 - 2020

Impreso en España – *Printed in Spain*

El papel utilizado para la impresión de este libro está calificado como papel ecológico y procede de bosques gestionados de manera sostenible.

*A mis hijos, Laia, Pol y Mariona. Y a todos los niños para los que los cuentos son escritos. También al niño que siempre, sea cual sea nuestra edad, llevamos dentro, porque en él reside la alegría y el amor por la vida, ingredientes imprescindibles para crear y compartir Buena Suerte.*

*A mis padres, Gabriel y Carmen, por su amor y su ejemplo. Y a todos los padres cuyo amor por sus hijos deviene la semilla de la Buena Suerte compartida.*

*Y a todos los seres humanos que hacen de su vida una entrega generosa al otro, porque son el ejemplo viviente de que los cuentos, como la vida, pueden tener un final feliz y con sentido.*

*Álex Rovira Celma*

*Para Guillermo Trías de Bes, mi padre, con todo mi amor y agradecimiento, pues él me enseñó las reglas de la Buena Suerte sin relatarme ninguna fábula; lo hizo con el ejemplo.*

*Mi padre es, de hecho, el motivo principal por el que sé que la Buena Suerte puede crearse.*

*Él fue quien me hizo ver que, esencialmente, es una cuestión de fe, generosidad y Amor, con mayúsculas.*

*Fernando Trías de Bes Mingot*

# SUMARIO

# NOTA EDITORIAL

Hace 15 años se publicaba por primera vez en España un pequeño libro. Se trataba de una fábula ambientada en un tiempo que parecía la Edad Media y que transcurría en un lugar desconocido. Sus protagonistas eran dos caballeros: Sid y Nott, y su misión, encontrar un trébol de cuatro hojas.

Álex Rovira y Fernando Trías de Bes escribieron *La buena suerte*, su primer libro a cuatro manos. Su intención, según hemos podido saber después, era la de escribir un libro que pudiera leer cualquiera, a cualquier edad y en cualquier momento vital. Ligero en su forma y concentrado en el fondo. Así de simple, así de difícil.

En este oficio no hay verdades absolutas pero sí algunas «leyes» de mercado que todo editor conoce y que indican a qué números no hay que apostar. Los libros demasiado largos, o demasiado cortos, los libros inclasificables, los que no encajan en un género o no tienen un público claro, incluso los libros escritos por dos autores, suelen tener dificultades para abrirse camino y conectar con los lectores.

Sin embargo, ocurrió lo imposible: 4 millones de ejemplares vendidos en todo el mundo, traducido a 42 idiomas, el mayor fenómeno editorial en español de los últimos años, hoy convertido en un clásico contemporáneo.

El lector tiene en sus manos un texto inspirador cuya historia es el vivo ejemplo de lo que predica. Lo tenía todo en contra y, sin embargo, creó las circunstancias para que fuera posible.

Con esta edición, *La buena suerte* llega a Zenith con el vestido nuevo y el espíritu intacto, y con la voluntad de abrir los ojos a todo aquel que quiera ver.

EDITORIAL ZENITH

PRIMERA PARTE

# EL ENCUENTRO

Una hermosa tarde de primavera, Víctor, un hombre de aspecto elegante e informal, fue a sentarse al que era su banco preferido del mayor parque de aquella gran ciudad. Allí se sentía en paz, aflojaba el nudo de la corbata y apoyaba los pies descalzos sobre una mullida alfombra de tréboles. A Víctor, que tenía sesenta y cuatro años y un pasado lleno de éxitos, le gustaba aquel lugar.

Pero esa tarde sería distinta de otras; algo inesperado estaba a punto de ocurrir.

Se acercaba al mismo banco, con intención de sentarse, otro hombre, también en la sesentena, David. Tenía un andar cansado, tal vez abatido. Se intuía en él a alguien triste, aunque conservaba, a su manera, un cierto aire de dignidad. David lo estaba pasando bastante mal en esos momentos. De hecho, lo había pasado mal durante los últimos años.

David se sentó junto a Víctor y sus miradas se cruzaron. Lo extraño fue que tanto uno como otro, los dos al mismo tiempo, pensaron que un vínculo los unía, algo conocido... muy lejano, pero íntimamente familiar.

—¿Tú eres Víctor? —preguntó David con precaución.

—¿Y tú David? —contestó Víctor, ya seguro de que reconocía en aquella persona a su amigo.

—¡No puede ser!

—¡No me lo creo, después de tanto tiempo!

En ese instante se levantaron, se abrazaron y soltaron una sonora carcajada.

Víctor y David habían sido amigos íntimos en la infancia, desde los dos hasta los diez años. Eran vecinos en el modesto barrio donde vivieron sus primeros pasos en la vida.

—¡Te he reconocido por esos inconfundibles ojos azules! —le explicó Víctor.

—Y yo a ti por esa mirada tan limpia y sincera que tenías hace..., hace... ¡cincuenta y cuatro años! No ha cambiado en nada —le respondió David.

Recordaron y compartieron entonces anécdotas de la infancia y recuperaron lugares y personajes que creían olvidados. Finalmente, Víctor, que distinguía en la expresión de su amigo una sombra de tristeza, le dijo:

—Viejo amigo, cuéntame cómo te ha ido en esta vida...

David se encogió de hombros y suspiró:

—Mi vida ha sido un conjunto de despropósitos.

—¿Por qué?

—Recordarás que mi familia dejó el barrio en el que éramos vecinos cuando yo tenía diez años, que desaparecimos un día y nunca más se supo de nosotros. Resulta que mi padre heredó una inmensa fortuna de un tío lejano que no tenía descendencia. Nos fuimos sin decir nada a nadie. Mis padres no quisieron que se supiera que la suerte nos había favorecido. Cambiamos de hogar, de coche, de vecinos, de amigos. En ese momento tú y yo perdimos el contacto...

—¡Así que fue por eso! —exclamó Víctor—. Siempre nos preguntamos qué os había pasado... ¿Tanta fortuna recibisteis?

—Sí. Además, una parte importante de lo recibido en herencia fue una gran empresa textil en pleno funcionamiento y con abundantes beneficios. Mi padre la hizo incluso crecer más. Cuando murió, yo me ocupé de ella. Pero tuve muy mala suerte. Todo fue en mi contra —explicó David.

—¿Qué pasó?

—Durante mucho tiempo no cambié nada, pues las cosas iban más o menos bien. Pero de pronto empezaron a aparecer competidores por todas partes y las ventas bajaron. Nuestro producto era el mejor, así que yo tenía la esperanza de que los clientes se dieran cuenta de que nuestros competidores no ofrecían la misma calidad. Pero los clientes no entienden de telas. Si de verdad hubieran sabido se habrían dado cuenta. Así que se lanzaron a por los productos de las nuevas marcas que iban saliendo al mercado.

David tomó aliento. Recordar todo aquello no era agradable. Víctor permanecía en silencio, sin saber qué decir.

—Perdí mucho dinero, pero la empresa estaba aún saneada. Intenté reducir los costes tanto como pude, pero cuanto más lo hacía, más bajaban las ventas. Estuve a punto de crear una marca propia, pero no me atreví. El mercado pedía marcas extranjeras. Eso me puso en el límite. Como último recurso pensé en abrir una cadena de tiendas. Tardé en decidirme y, cuando lo hice, no pude hacer frente al coste de los locales, pues las ventas no lo cubrían. Empecé a fallar en mis pagos. Así que tuve que responder con los activos: la fábrica, mis tierras, mi casa, todas mis propiedades... Lo tuve todo en mi mano, tuve todo lo que quise y lo perdí. La suerte nunca me acompañó.

—¿Qué hiciste entonces? —preguntó Víctor.

—Nada. No sabía qué podía hacer. Todas las personas que antes me habían alabado ahora me daban la espalda. Anduve entre un empleo y otro, pero no me adapté o no supieron entenderme... Llegó incluso un momento en que pasé hambre... He sobrevivido durante más de quince años como he podido, ganándome la vida con las propinas que obtengo haciendo recados e incluso recibiendo ayuda de buena gente que me conoce, en el barrio en el que ahora vivo. La mala suerte siempre ha estado conmigo.

David no tenía ganas de seguir hablando, así que le preguntó a su amigo de infancia:

—Y a ti, ¿cómo te ha ido en la vida? ¿Has tenido suerte?

Víctor esbozó una sonrisa:

—Como recordarás, mis padres eran pobres, más pobres que los tuyos cuando vivíais en el barrio. Mis orígenes son más que humildes, lo sabes bien, son precarios. Muchas noches no teníamos qué comer. A veces, incluso, tu madre nos traía algo porque sabía que en casa las cosas iban mal. Como también sabes, no pude ir al colegio, así que estudié en la universidad de la vida. Empecé a trabajar con diez años, precisamente poco tiempo después de que tu familia y tú desaparecierais misteriosamente.

»Comencé lavando coches. Después trabajé en un hotel, de botones. Más tarde subí de categoría y trabajé como portero de varios establecimientos de cinco estrellas... Hasta que a los veintidós años me di cuenta de que *yo podía tener suerte, si me lo proponía.*

—¿Cómo lo hiciste? —le preguntó David, con un tono mezcla de curiosidad y escepticismo.

—Adquirí un pequeño taller que estaba a punto de cerrar. Lo compré con un crédito y con todos los ahorros de que disponía. Era un taller que fabricaba bolsos de piel. Yo los había visto de todo tipo en los restaurantes y lujosos hoteles en los que trabajé. Así que sabía lo que les gustaba a las personas con dinero. No tenía más que fabricar lo que tantas veces había visto llevar cuando trabajaba como mozo.

»Al principio, yo mismo me ocupaba tanto de producir como de salir a vender. Trabajé por las noches y los fines de semana. El primer año fue muy bien, pero reinvertí todo lo que gané en comprar más género y en viajar por todo el país, para averiguar qué se fabricaba en otras partes. Necesitaba saber más que nadie sobre bolsos de piel. Aprendí mucho visitando tiendas. Preguntaba a todo el que veía con un bolso qué le gustaba y qué le disgustaba del suyo...

Víctor recordaba con pasión aquellos primeros años. Continuó:

—Las ventas fueron creciendo. Durante diez años reinvertí todo lo que gané. Busqué oportunidades allí donde pensé que podía haberlas. Modifiqué cada año los modelos de mis bolsos que más se vendían, nunca fueron iguales. Jamás dejé un problema del taller para el día siguiente. Intenté ser la causa de todo lo que acontecía a mi alrededor. Fui adquiriendo un taller tras otro, luego llegaron las fábricas. Finalmente, conseguí crear un próspero negocio. La verdad es que no fue sencillo, pero el resultado supera lo que imaginaba cuando empecé.

David le interrumpió en ese punto y matizó la última apreciación:

—¿No será, en realidad, que tuviste mucha suerte?

—¿Eso crees? ¿Realmente crees que solo tuve suerte? —exclamó Víctor, sorprendido.

—No he querido molestarte ni menospreciarte —explicó con un hilo de voz David—. Pero resulta difícil creer que tú solo eres el motivo de tus éxitos. La suerte sonríe a quien el destino caprichosamente escoge. A ti te sonrió y a mí no. Eso es todo, viejo amigo.

Víctor se quedó pensativo. Al cabo de un tiempo, le contestó:

—Mira, yo no heredé ninguna gran fortuna, pero recibí algo mucho mejor de mi abuelo... ¿Conoces la diferencia entre la suerte y la Buena Suerte, con mayúsculas?

—No la conozco —contestó David, sin mostrar interés.

—Aprendí la diferencia entre la suerte y la Buena Suerte con un cuento que me explicaba mi abuelo cuando vivía con nosotros. A menudo he pensado, y aún sigo pensando, que ese cuento cambió mi vida. Me ha acompañado en momentos de miedo, de duda, de incertidumbre, de confusión y también en momentos de alegría, felicidad, gratitud... Gracias a este cuento decidí comprar el taller con el fruto de seis años de esfuerzo apasionado y de ahorro. Fue también este cuento el detonante de otras muchas decisiones que luego se han revelado cruciales en mi vida.

Víctor siguió hablando, mientras David, con la cabeza hundida entre los hombros, dirigía la mirada al suelo.

—Quizá a los sesenta y cuatro años uno ya no está para cuentos..., pero nunca es tarde para oír algo que puede ser útil. Como dice el refrán: *Mientras hay vida, hay esperanza*. Si lo deseas, puedo explicártelo.

David guardaba silencio, así que Víctor prosiguió:

—Es un cuento que ha ayudado a muchas personas. Y no solamente a gente del mundo de los negocios, también a emprendedores y a profesionales de todos los campos. Las personas que aprenden y asumen la diferencia entre la suerte a secas y la Buena Suerte han obtenido excelentes resultados en sus trabajos, en las empresas en las que trabajaban. A otros les ha servido incluso para cultivar un amor. Ha ayudado también a deportistas, a artistas, a científicos e investigadores... Y te lo digo porque lo he observado de primera mano; tengo ya sesenta y cuatro años y soy testigo del efecto de la leyenda en muchas de esas personas.

David se incorporó y habló, quizá movido por la curiosidad:

—De acuerdo, dime: ¿cuál es la diferencia entre la suerte y la Buena Suerte?

Víctor meditó antes de contestar:

—Cuando vuestra familia recibió la herencia tuvisteis suerte. Pero esa suerte no depende de uno, por eso tampoco dura demasiado. Solo tuviste algo de suerte, y esa es la razón de que ahora no tengas nada. Yo, en cambio, me dediqué a crear suerte. La suerte, a secas, no depende de ti. La Buena Suerte solo depende de ti. Esta última es la verdadera. Mucho me temo que la primera no existe.

David no daba crédito a lo que oía:

—¿Me estás diciendo que la suerte no existe?

—De acuerdo... Digamos que sí que existe, pero es tan improbable que resulta vano esperar que te alcance precisamente a ti, a cualquiera. Y, si al fin llega, no dura demasiado, es pasajera. ¿Sabías que casi el noventa por ciento de las personas a las que les ha tocado la lotería no han tardado más de diez años en arruinarse o en volver a estar como antes estaban? En cambio, la Buena Suerte es posible siempre que te lo propongas. Por eso se llama Buena Suerte, porque es la buena, la de verdad.

—¿Por qué es la de verdad? ¿Cuál es la diferencia? —insistió David. Empezaba a sentirse muy intrigado por las palabras de su amigo.

—¿Quieres oír el cuento?

David dudó unos instantes. Al fin y al cabo, aunque no podía volver atrás, no perdía nada por escuchar. Además, le resultaba agradable que su mejor amigo de la infancia le contase, con sesenta y cuatro años, un cuento. Y no solo eso, hacía demasiado tiempo que nadie le contaba algo, como si fuese un niño.

— De acuerdo, cuéntamelo —accedió por fin.

# PRIMERA
## REGLA DE LA BUENA SUERTE

*La suerte no dura demasiado tiempo, porque no depende de ti.*

*La Buena Suerte la crea uno mismo, por eso dura siempre.*

SEGUNDA PARTE

# LA LEYENDA DEL TRÉBOL MÁGICO

I

# EL RETO DE MERLÍN

Hace mucho tiempo, en un reino muy lejano, un mago llamado Merlín reunió a todos los caballeros del lugar en los jardines del castillo real y les dijo:

—Hace tiempo que muchos de vosotros me pedís un reto. Algunos me habéis sugerido que organice un torneo entre todos los caballeros del reino. Otros habéis pedido que organice un concurso de destreza con la lanza y la espada. Sin embargo, voy a proponeros un reto diferente.

La expectación entre los caballeros era máxima. Merlín continuó:

—He sabido que en nuestro reino, en un plazo de siete noches, nacerá el Trébol Mágico.

Hubo entonces un revuelo, murmullos y exclamaciones entre los presentes. Algunos ya sabían a qué se refería; otros, no. Merlín puso orden:

—¡Calma, calma! Dejadme que os explique qué es el Trébol Mágico: es un trébol de cuatro hojas único, que proporciona al que lo posee un poder también único: *la suerte sin límites.* Sin límite de tiempo ni límite de ámbito. Proporciona suerte en el combate, suerte en el comercio, suerte en el amor, suerte en las riquezas... ¡una suerte ilimitada!

Los caballeros hablaban y hablaban entre ellos con gran excitación. Todos querían encontrar el Trébol Mágico de cuatro hojas. Algunos incluso se pusieron en pie, lanzaron gritos de victoria e invocaron a los dioses.

De nuevo, Merlín aplacó los murmullos y tomó la palabra:

—¡Silencio! Aún no os lo he dicho todo. El Trébol Mágico de cuatro hojas nacerá en el Bosque Encantado, más allá de las doce colinas, tras el Valle del Olvido. No sé en qué rincón será, pero brotará en algún lugar del bosque.

Aquella excitación inicial se vino abajo. Primero se hizo el silencio y, a continuación, los suspiros de desánimo resonaron por los jardines del castillo. Y es que el Bosque Encantado era tan extenso como la parte del reino que estaba habitada. Se trataba de miles y miles de hectáreas de espeso bosque. ¿Cómo encontrar un minúsculo trébol de cuatro hojas en tan extenso lugar? ¡Hubiera sido cien mil veces mejor buscar una aguja en un pajar! Por lo menos, ese sería un reto posible.

Ante la dificultad de la empresa, la mayoría de los caballeros abandonaron el castillo real, mascullando quejidos de protesta y dirigiendo miradas de desaprobación a Merlín cuando pasaban junto a él.

—Avísame cuando tengas algún reto que se pueda alcanzar —le decía uno.

—Si hubiera sabido que se trataba de algo así, no me hubiera molestado en venir —añadía otro.

—¡Vaya reto! ¿Por qué no nos has enviado a un desierto a encontrar un grano de arena azul? ¡Hubiera sido más fácil! —le espetaba otro, con sorna.

Uno tras otro, todos los caballeros salieron del jardín, se dirigieron a las cuadras y montaron en sus caballos. Solo dos se quedaron con Merlín.

—¿Y bien? —preguntó entonces el mago—. ¿Vosotros no os vais?

Uno de ellos, que se llamaba Nott y llevaba una capa negra, respondió:

—Sin duda es difícil. El Bosque Encantado es enorme. Pero sé a quién preguntar. Creo que podré encontrar el trébol que dices. Yo iré a buscar el Trébol Mágico de cuatro hojas. El trébol será para mí.

El otro, que se llamaba Sid y llevaba una capa blanca, se mantuvo en silencio hasta que Merlín le dirigió una mirada escrutadora. Entonces dijo:

—Si tú dices que el Trébol Mágico de cuatro hojas, el trébol de la suerte ilimitada, va a nacer ahí, significa que así será. Creo en tu palabra. Por eso iré al bosque.

Así pues, ambos caballeros partieron hacia el Bosque Encantado. Nott, en su caballo negro. Sid, en su caballo blanco.

# SEGUNDA
## REGLA DE
## LA BUENA SUERTE

*Muchos son los que quieren tener Buena Suerte, pero pocos los que deciden ir a por ella.*

## II
# EL GNOMO, PRÍNCIPE DE LA TIERRA

El viaje por el reino hasta el Bosque Encantado era largo, y les llevó dos días. Así pues, disponían solo de cinco jornadas para hallar el lugar donde nacería el Trébol Mágico. No había tiempo que perder. A pesar de ello, ambos caballeros decidieron descansar toda la noche antes de empezar la búsqueda.

Los dos habían hecho el viaje por separado y no coincidieron en las breves paradas que hicieron para dar de beber a sus respectivos caballos. Así que ninguno sabía en qué lugar del bosque se encontraba el otro.

El Bosque Encantado era un lugar muy oscuro. Oscuro era durante el día, pues los inmensos y tupidos árboles apenas permitían a los rayos del sol alcanzar el suelo. Y oscura fue esa noche, fría y silenciosa, además. Aunque los habitantes del Bosque Encantado se habían percatado ya de la presencia de los nuevos visitantes.

A la mañana siguiente, muy temprano, Nott, decidido a encontrar el trébol, pensó:

«El Trébol Mágico nacerá en el suelo. ¿Quién es el que mejor conoce cada palmo de tierra del Bosque Encantado? Muy fácil: el Príncipe de la Tierra. Es decir, el Gnomo. El Gnomo vive bajo el suelo y ha construido pasillos y corredores subterráneos por cada uno de los rincones del Bosque Encantado. ¡Él me dirá dónde nacerá el Trébol Mágico de cuatro hojas!»

Así pues, Nott, el caballero con caballo negro y negra capa, preguntó dónde podía hallar al Gnomo a todos los extraños seres que encontró por su camino, hasta que finalmente dio con él.

—¿Qué quieres? —le preguntó el Gnomo—. Me han dicho que llevas todo el día buscándome.

—Efectivamente —afirmó Nott mientras bajaba de su corcel—. He sabido que dentro de cinco noches nacerá en el bosque el Trébol Mágico de cuatro hojas. Un trébol solamente puede nacer de la tierra, así que tú, Príncipe de la Tierra, debes saber el lugar donde nacerá. Tú eres el único que conoce palmo a palmo este inmenso bosque por debajo del suelo. Tú conoces como nadie todas las raíces de todas las plantas, arbustos y árboles que habitan este bosque.

Si el Trébol Mágico de cuatro hojas va a nacer dentro de cinco noches, tú debes haber visto ya sus raíces. Dime dónde está.

—Hummmmm —meditó el Gnomo.

—Sabes tan bien como yo —prosiguió Nott— que el Trébol Mágico proporciona suerte ilimitada solamente a los caballeros, así que no tiene ningún valor para ti, que eres un Gnomo, ni para ninguno de los habitantes del Bosque Encantado. Dime dónde nacerá. Sé que tú lo sabes.

El Gnomo respondió:

—Ya conozco los poderes del Trébol Mágico de cuatro hojas. Y ya sé que su suerte ilimitada alcanza solo a los caballeros que lo posean..., pero no he visto sus raíces en ningún lugar del bosque. Es más, nunca han nacido tréboles en el Bosque Encantado. Es *imposible* que ese trébol nazca aquí. Quien te haya dicho eso te ha engañado.

—¿No serás tú quien me engaña? ¿No le habrás dicho ya al caballero Sid, el caballero con blanco caballo y capa blanca, dónde nacerá el Trébol Mágico? —preguntó desafiante Nott.

—¡No sé de qué me estás hablando! No sé quién es Sid, y no tengo ni idea de quién te ha dicho semejante estupidez. En este bosque nunca ha habido un solo trébol, ni tan siquiera de tres hojas: ¡sencillamente, los tréboles no crecen en este bosque porque no pueden! Así que déjame en paz. Llevo más de ciento cincuenta años viviendo aquí y nunca nadie me había hecho una pregunta tan estúpida. ¡Adiós!

El caballero Nott lo dejó por imposible.

«No es la primera vez que me encuentro con alguien que no está a la altura que yo merezco», pensó. Así que se subió a su caballo, dio media vuelta y optó por esperar al día siguiente. Después de todo, tal vez el Gnomo tuviera razón y Merlín se hubiera equivocado de sitio o de fechas.

A medida que se alejaba del Gnomo, montado sobre su caballo negro, Nott experimentó lo que suelen experimentar aquellos a quienes «les dicen» que su suerte no es posible: sintió algo de miedo. En tal caso, lo más fácil es sustituir ese miedo por incredulidad. «Sencillamente, no puede ser.» Eso fue justamente lo que pensó Nott. Por eso, decidió ignorar lo que el Gnomo le había dicho.

«Mañana será otro día y quizá la suerte me aguarde en otro lugar», pensó.

Por su parte, Sid, el caballero de la capa blanca, tuvo en la mañana de la tercera jornada exactamente la misma idea que Nott. Él también sabía que el Gnomo era el más indicado para averiguar en qué lugar brotaría el Trébol Mágico. Pasó el día intentando dar con su guarida, preguntó a todos los habitantes del bosque con los que se cruzó en el camino y, finalmente, encontró al Gnomo unos pocos minutos después de que el caballero Nott lo hubiera dejado refunfuñando frente a una de las entradas a su caverna de infinitos pasillos.

—¿Eres tú el Gnomo del Bosque Encantado, al que llaman el Príncipe de la Tierra? —preguntó, al tiempo que descendía de su caballo.

—Sí, yo soy. ¡Vaya! ¡Otro iluminado! Y tú ¿qué es lo que quieres?

—Verás, he sabido que dentro de cinco noches nacerá en el bosque el Trébol Mágico de cuatro hojas y he pensado que... —Sid no pudo acabar la frase. El Gnomo se puso rojo como un pimiento y acumuló aire en sus pulmones y mofletes como si fuera a estallar:

—Pero ¿qué pasa con este maldito Trébol Mágico hoy? —gritó, colérico—. Ya se lo he dicho al otro caballero: No-hay-ni-ha-habido-nunca-tréboles-de-la-suerte-en-este-bosque: sencillamente no pueden nacer tréboles aquí. Quien os haya dicho eso está equivocado. O bien os toma el pelo o ha bebido más poción etílica de la cuenta. Lo mejor que podéis hacer es regresar a vuestro castillo o acudir en socorro de alguna damisela en peligro. Aquí perdéis el tiempo.

El caballero Sid se dio entonces cuenta de que algo pasaba: según Merlín, en el bosque nacería un

Trébol Mágico y, según el Gnomo, era imposible que en las circunstancias actuales naciera allí ningún trébol. Los dos decían probablemente la verdad, pero era posible que la verdad de cada uno fuera distinta. Así pues, quizá seguir buscando el Trébol Mágico era una pérdida de tiempo. Si, tal y como había dicho el Gnomo, en aquellas circunstancias no podía nacer ningún trébol, se trataba entonces de *saber qué era lo que hacía falta* para que naciera uno. De modo que Sid le preguntó, al mismo tiempo que lo calmaba:

—¡Espera, espera! ¿Has dicho que nunca han nacido tréboles... en el Bosque Encantado?

—¡Nunca! ¡Nunca jamás! —respondió refunfuñando el Gnomo, mientras se metía en su casa-madriguera.

—¡No te vayas, no te vayas, por favor! Explícame por qué. Quiero saber por qué nunca han nacido tréboles en el bosque.

El Gnomo se giró y explicó:

—Es por la tierra. Naturalmente que es por la tierra. *Nadie se ha ocupado nunca de renovar esta tierra*. Los tréboles necesitan tierra fresca y esponjosa, y la tierra de este bosque nunca ha sido removida ni aireada. Es un suelo duro, apelmazado, ¿cómo quieres que así nazca un solo trébol?

—Por tanto, Gnomo, Príncipe de la Tierra, si quisiera tener una sola posibilidad, aunque solamente fuera una, de que creciera un único trébol en el bosque... ¿debería renovar la tierra, cambiarla? —preguntó Sid.

—Obviamente. *¿No sabes que solo se obtienen cosas nuevas cuando se hacen cosas nuevas?* Si la tierra no cambia, seguirá pasando lo mismo: que no nacerá ningún trébol.

—¿Y tú sabes dónde podría encontrar tierra fértil?

El Gnomo estaba ya con medio cuerpo dentro de la madriguera y con una mano a punto de cerrar la portezuela de madera. Con todo, contestó a Sid:

—Hay algo de tierra fresca y fértil en el territorio de las Cowls, a poca distancia de aquí. Es una tierra rica, pues las Cowls, las vacas enanas, amontonan allí su estiércol. Esa sí que es tierra buena.

El caballero le dio efusivamente las gracias al Gnomo. Se subió entusiasmado a su blanco caballo y cabalgó sin pérdida de tiempo hacia el territorio de las Cowls. Sabía que tenía muy pocas probabilidades, pero por lo menos ya tenía algo.

Llegó al territorio de las Cowls cuando ya anochecía. Le fue muy fácil encontrar la tierra de la que hablaba el Gnomo. Era realmente tierra fresca, esponjosa y, por supuesto, muy bien abonada. Solamente pudo llenar un par de alforjas, los únicos recipientes que llevaba en su caballo. Pero era suficiente para una pequeña extensión de terreno.

A continuación, el caballero Sid se dirigió con las alforjas de tierra nueva a una zona del bosque tranquila, lejos de cualquier poblado. Encontró un lugar que le pareció adecuado y arrancó las hierbas y los matojos que allí había. Después, removió y quitó la tierra vieja, la que nunca se había renovado, la de siempre. Y por fin extendió la tierra nueva en el suelo.

Cuando hubo acabado, se puso a dormir. Solo tenía tierra para unos pocos palmos cuadrados. ¿Sería aquel el lugar escogido para que brotara el Trébol Mágico? Si había que ser realista, sería muy improbable tener tanta suerte. Unos pocos palmos entre miles de hectáreas era algo así como una posibilidad entre millones. Sin embargo, una cosa era cierta: había hecho algo distinto a lo hecho en el bosque hasta el momento. Si no había habido tréboles, si nadie los había encontrado nunca, era porque todos los que lo intentaron habían hecho las mismas cosas de siempre, las que todo el mundo hacía. Como buen caballero, sabía que hacer cosas diferentes era el primer paso para lograr algo distinto.

Aun así, sabía que eran muy pocas las probabilidades de que el Trébol Mágico de cuatro hojas brotara precisamente en el lugar que había escogido para poner la poca tierra fértil de que disponía. Pero, por lo menos, sabía ya por qué no crecían tréboles. Y al día siguiente sabría más. De eso estaba seguro.

Sid, tumbado y con la cabeza apoyada en el suelo, miraba la tierra recién extendida. Pensó que el Gnomo decía su verdad, y Merlín, la suya. Eran dos verdades aparentemente contradictorias. Pero si se actuaba como él había hecho, aportando nueva tierra a la tierra de siempre, esa aparente contradicción se desvanecía.

«Que en el pasado no hubiera tréboles no significa necesariamente que en el futuro no los pueda haber, ahora que las condiciones de la tierra son distintas», pensó.

Se durmió imaginando que el trébol brotaba entre la tierra nueva que había esparcido. Soñar así le ayudaba a olvidarse de las pocas probabilidades que había de que aquel rincón fuera el elegido por el destino para acoger al Trébol Mágico.

El sol se puso. Solamente quedaban cuatro noches.

# TERCERA
## REGLA DE LA BUENA SUERTE

*Si ahora no tienes Buena Suerte tal vez sea porque las circunstancias son las de siempre.*

*Para que la Buena Suerte llegue, es conveniente crear nuevas circunstancias.*

## III
# LA DAMA DEL LAGO

El cuarto día amaneció más frío que de costumbre. El canto de los jilgueros, de los petirrojos, de los mirlos y de los ruiseñores ahogó por fin al de los grillos.

Nott subió a su caballo después de comer algunas bayas. No las tenía todas consigo. La información que le había dado el Gnomo era verdaderamente preocupante. Palabras literales: «En el bosque no pueden nacer tréboles». Es más, nunca había nacido un solo trébol en todo el Bosque Encantado. Y el Gnomo sabía lo que se decía.

De todas formas, quizá el Gnomo le engañaba. Sabía que no podía fiarse de que dijera la verdad. Pensar así no le conducía a ninguna parte, pero le tranquilizaba. Decidió dedicar el día a encontrar a alguien que pudiera desmentir la información que le había dado el Gnomo. Eso pondría de nuevo la suerte en sus manos.

Después de cabalgar durante más de cinco horas, el caballero Nott divisó a lo lejos, entre la espesura del bosque, un gran lago. Como tenía sed e imaginaba que su caballo también estaría sediento, decidió acercarse.

El lago era muy bello. Estaba lleno de nenúfares con flores amarillas y blancas. Bebió un poco y se sentó junto a la orilla, mientras su caballo bebía ansiosamente. De pronto, una voz detrás de él le sobresaltó:

—¿Quién eres? —Era una voz femenina; dulce, pero a la vez profunda; frágil, pero firme; seductora, pero desafiante. Era la Dama del Lago.

Sobresalía de entre las aguas de un modo impresionante, una mujer de hermosura y perfección nunca vistas, moldeada con la forma del agua.

Nott había oído hablar de esa extraordinaria criatura. Pronto se dio cuenta de que de ella podría obtener información importante para su crucial misión.

—Soy Nott, el caballero de la negra capa.

—¿Qué hacéis tú y tu negro caballo junto a mi lago? Ya habéis bebido. Ahora, ¿qué queréis? Estáis despertando a mis nenúfares. Y esta es su hora de sueño. Mis nenúfares duermen por el día y cantan por la noche. Si los despertáis, esta noche no cantarán. Su canto evapora el agua del lago durante la noche. Si los nenúfares no cantan, el agua del lago no se evapora; si no se evapora agua, el lago se desborda, y si el lago se desborda, muchas flores, plantas y árboles morirán ahogados. ¡Cállate, cállate y desaparece! ¡No despiertes a mis nenúfares!

—¡Alto, alto! —la interrumpió con vehemencia—. No me cuentes tu vida. No me interesan tus problemas. Me iré enseguida. Solamente quiero hacerte una pregunta. Tú, Dama del Lago, tú que proporcionas agua a todo el Bosque Encantado, tú que riegas todos sus rincones, dime: ¿dónde crecen los tréboles en este bosque?

La Dama comenzó a reír. Eran carcajadas tristemente burlonas. Reía con estruendosa discreción, una risa aguda, pero también con matices graves. Cuando dejó de reír, se puso seria y afirmó:

—¡En este bosque no pueden crecer tréboles! ¿No ves que el agua que reparto desde aquí llega a todas partes por infiltración? No sale de mí a través de arroyos o ríos, sino que se filtra por el lecho del lago y llega a todos los rincones del Bosque Encantado. ¿Acaso has visto charcos en alguna parte por aquí? Los tréboles necesitan mucha agua. Precisan un arroyo que se la proporcione continuamente. Jamás encontrarás un trébol en este bosque.

La Dama del Lago se sumergió de nuevo. Fue impresionante. El vapor de agua que le daba forma cayó a la superficie en una lluvia de miles de gotas.

Nott apenas prestaba atención al maravilloso espectáculo que acababa de ocurrir. Estaba harto de oír la misma cantinela. Muy serio y pensativo se preguntó qué estaba pasando. Empezaba a creer que tal vez a él nunca le llegaría la suerte. Eso le provocaba un miedo más intenso que el que sintió el día anterior, después de hablar con el Gnomo.

«Debo encontrar a alguien que me diga lo contrario. Debo encontrar a alguien que me diga que la suerte está aquí, que el Trébol Mágico puede nacer en el Bosque Encantado», decía para sus adentros.

Empezó a odiar a la suerte. Era algo abominable. Lo más deseado, y también lo más inaccesible del mundo. Y no podía soportar ese sentimiento. Esperar la suerte le deprimía, pero era lo único que podía hacer. Porque... ¿qué alternativa tenía?

Así pues, Nott montó en su caballo, cabalgó el resto del día y vagó sin ton ni son por el Bosque Encantado, con la esperanza de tener la suerte de dar con el Trébol Mágico de cuatro hojas.

Ese día, el caballero Sid se había levantado un poco más tarde que el día anterior. Había acabado de renovar la tierra cuando anochecía, así que decidió dormir una hora más.

Mientras comía unas manzanas, que compartió con su caballo blanco, pensó qué haría ese día.

«Ya tengo la tierra —se dijo—. Ahora necesito saber cuánta agua necesita. La probabilidad de que haya escogido el lugar correcto es mínima, lo sé. Pero si finalmente este fuera el lugar elegido... entonces tendré que ocuparme de que la tierra reciba la cantidad de agua necesaria.»

No lo dudó un instante. Era bien sabido por cualquiera, caballero o no, que la Dama del Lago era, de todos los habitantes del Bosque Encantado, la única que disponía de agua.

Le costó un poco encontrarla. Tuvo que preguntar aquí y allá y consultar con varios animales parlanchines que encontró por el camino.

Llegó al lago justo unos minutos después de que Nott se hubiera ido de allí. Se acercó muy, muy despacio. Sin apenas hacer ruido, aunque sin querer pisó una cáscara de nuez, que crujió. Inmediatamente emergió de forma imponente la Dama del Lago. Esta repitió la misma queja que a Nott:

—¿Qué hacéis tú y tu blanco caballo junto a mi lago? ¿Qué queréis? Estáis despertando a mis nenúfares. Y esta es su hora de sueño. Mis nenúfares duermen por el día y cantan por la noche. Si los despertáis, esta noche no cantarán. Su canto evapora el agua del lago durante la noche; si no cantan, el agua del lago no se evapora; si no se evapora agua del lago, este se desbordará, y si el lago se desborda, muchas flores, plantas y árboles morirán ahogados. ¡Cállate, cállate y desaparece! ¡No despiertes a mis nenúfares!

Sid se quedó apabullado. No solamente por la magnificencia del espectáculo que acababa de ver, sino también por el problema que le había expuesto la Dama del Lago. Sid necesitaba agua para regar la zona escogida, pero sin duda despertaría a los nenúfares si dedicaba todo el día a recogerla con cazos.

Así pues, las cosas se ponían difíciles. No había agua en ninguna otra parte del Bosque Encantado. En fin, ¿qué se le iba a hacer? Sid era una persona sensible, y por eso, la mezcla de belleza, tristeza y ansiedad de la voz de la Dama del Lago hizo que se interesara por el problema y que buscara el modo de ayudarla.

—Y, decidme, señora, ¿por qué no sale agua del lago? De todos los lagos sale agua. De todos los lagos nacen arroyos o ríos.

—Yo... yo... —por primera vez, la Dama del Lago se expresó con una voz sin matices, una voz triste. Había dolor en ella—. Porque en mi lago —prosiguió— no hay continuidad. No hay ríos que partan de mí. En mí, solamente cae agua. Solo la recibo, y ningún arroyo brota de mi seno. Por eso tengo que vivir siempre pendiente de que los nenúfares duerman para que puedan cantar durante la noche. Durante el día no duermo para velar su sueño, y durante la noche sus cantos no me dejan dormir. Vivo esclava de mi agua. Por favor, márchate y no despiertes a mis nenúfares.

Sid se dio cuenta entonces de que lo que el lago tenía en abundancia era, precisamente, lo que a él le hacía falta: agua.

—Yo puedo ayudarte —le propuso Sid—. Pero dime una cosa, ¿tú sabes cuánta agua necesita un trébol?

La Dama del Lago contestó:

—Necesita agua en abundancia. Necesitan agua clara, de un arroyo. La tierra en la que nacen los tréboles debe estar siempre húmeda.

—¡Entonces, entonces... yo puedo ayudarte a ti y tú puedes ayudarme a mí!

—¡Sssshhhhh! No grites tanto, que ya has despertado a un nenúfar. Dime cómo.

—Si me das permiso, abriré un surco en tu orilla para que un arroyo nazca de ti, y lograré así que el agua no se acumule en tu seno. No haré ningún ruido. Sencillamente abriré un surco en la tierra y el agua saldrá de tu lago. De esta forma, no tendrás que preocuparte más por los nenúfares. Podrás dormir siempre que lo desees.

La Dama del Lago se quedó pensativa. Después, accedió:

—De acuerdo. Pero no hagas ruido —de inmediato, la Dama del Lago desapareció, ante el asombro de Sid.

Sin esperar un instante, improvisó con su espada un arado que colgó de la parte trasera de su caballo. Cabalgó de nuevo hacia el terreno escogido. A medida que cabalgaba, la espada labraba un surco que el agua llenaba, liberando al lago de su pesada carga. El agua llegó hasta la tierra fresca y fértil. Sid lo había conseguido: había encauzado la tierra y creado un arroyo de agua clara que nunca antes había existido en el Bosque Encantado.

Se puso a dormir junto al espacio que había creado. Reflexionó sobre lo ocurrido y recordó lo que siempre le había dicho su maestro: la vida te devuelve lo que das. Los problemas de los demás son a menudo la mitad de tus soluciones. Si compartes, siempre ganas más.

Era justamente lo que había pasado: estaba dispuesto a renunciar al agua, pero cuando comenzó a entender el problema de la Dama, paradójicamente, se dio cuenta de que los dos necesitaban lo mismo, y de que *con una sola acción, los dos salían ganando*.

Lo curioso es que Sid se percató de que cada vez le preocupaba menos que aquel fuera o no el lugar destinado a que naciera el Trébol Mágico. Tal vez debería sentirse un poco estúpido por trabajar tanto en una zona en la que probablemente el trébol no iba a nacer. Pero no se sentía así. La certeza de que hacía lo que debía restaba importancia al hecho de que hubiera tenido suerte o no con la elección del lugar. ¿Por qué? No lo sabía. Quizá porque regar era lo que tocaba hacer después de arar y abonar la tierra. Hacía lo que tenía que hacer.

Por supuesto, él sabía que era muy poco probable que el sitio que había escogido para renovar la tierra y regarla fuera justamente el elegido para que brotara el Trébol Mágico de cuatro hojas. Pero ya sabía dos razones por las que no habían nacido nunca tréboles en el bosque. Y al día siguiente sabría más. De eso estaba seguro.

Sid, con la cabeza apoyada en el suelo, pues intentaba conciliar el sueño, miraba con esperanza su porción de tierra fértil regada por el arroyo. Una noche más, visualizó cómo el Trébol Mágico brotaba y crecía. Esta vez, la imagen del trébol en su mente aparecía más nítida y real que la noche anterior. Eso le hacía feliz.

La oscuridad lo envolvió. Solamente quedaban tres noches.

# CUARTA
## REGLA DE LA BUENA SUERTE

*Preparar circunstancias*
*para la Buena Suerte no significa*
*buscar solo el propio beneficio.*

*Crear circunstancias para*
*que otros también ganen*
*atrae a la Buena Suerte.*

# IV

# LA SECUOYA, REINA DE LOS ÁRBOLES

A la mañana siguiente, Nott, el caballero de la negra capa, se levantó bastante desanimado. Si hacía caso a la información del Gnomo y de la Dama del Lago, estaría, como se dice vulgarmente, perdiendo el tiempo. ¿No sería vano su empeño? El caballero Nott pensó en regresar. Sin embargo, el viaje hasta el Bosque Encantado había sido largo y, ya que estaba ahí, optó por quedarse hasta el séptimo día. Quizá finalmente encontraría a alguien que le dijera dónde encontrar el Trébol Mágico de cuatro hojas.

Nott no sabía qué hacer. ¿Con quién podía hablar en aquel momento? Vagó por el bosque montado en su caballo sin saber adónde ir. Encontró todo tipo de seres extraños, pero no dio con ningún trébol. Y eso que, mientras cabalgaba, miraba continuamente al suelo, buscando alguna pista que pudiera indicarle dónde podía nacer.

De pronto cayó en la cuenta de que no había ido a hablar con la Secuoya, el primer habitante del Bosque Encantado. Ella sabría algo.

Cabalgó hasta el corazón del bosque. Según contaban, la Secuoya era el primer árbol que habitó el Bosque Encantado, por eso estaba en el centro. Nott bajó de su caballo y se dirigió a ella. Sabía que en el bosque todos los seres vivos, incluso muchos de los seres inanimados, podían hablar. Así que se acercó a la Secuoya y le dijo:

—Secuoya, Reina de los Árboles. ¿Puedes hablar?

No obtuvo respuesta. El caballero Nott insistió:

—Secuoya, Reina de los Árboles. Me estoy dirigiendo a ti. Haz el favor de contestarme. ¿No sabes quién soy? Soy el caballero Nott.

La Secuoya comenzó a mover su impresionante tronco y contestó al caballero:

—Ya sé quién eres. ¿Acaso no sabes que conozco a todos los árboles de este bosque? ¿No sabes que a través de nuestras hojas todos, absolutamente todos los árboles de este bosque estamos en contacto físico unos con otros? La información corre rápido a través de nuestras ramas. Pregúntame algo si quieres, pero después, vete. Estoy cansada, tengo más de mil años y hablar me fatiga.

—Seré breve —contestó Nott—. He sabido que es posible que dentro de tres noches crezca en el Bosque Encantado el Trébol Mágico de cuatro hojas, el trébol de la suerte ilimitada. Pero tanto el Gnomo como la Dama del Lago me han dicho que jamás ha crecido un solo trébol en el Bosque Encantado. Tú vives en el bosque desde que este existe. Tú sabes todo lo que aquí pasa porque hablas y has hablado con todos los árboles. Mi pregunta es muy sencilla: ¿es cierto que jamás ha crecido un trébol en este bosque?

La Secuoya se tomó su tiempo para contestar. Revisó su memoria de mil años, buscó en cada uno de los mil anillos que conformaban su ancho tronco. Eso le tomó algo de tiempo. Los minutos pasaban y el caballero Nott se impacientó:

—¡Vamos, contesta! ¡Tengo prisa! —protestó.

—Estoy pensando. Estoy recordando. Eres impaciente como la mayoría de los humanos. Deberíais ser como los árboles, que tenemos mucha paciencia.

Pasaron unos minutos más. El caballero Nott, muy inquieto, se dio la vuelta, convencido de que la Secuoya no quería contestar. Pero ella arrancó a hablar justo cuando Nott se disponía a subirse a su caballo. Como si se tratara de una bibliotecaria que hubiera revisado las mil fichas de los libros de su biblioteca buscando una obra concreta, la Secuoya contestó al fin con seguridad:

—Es cierto. Nunca ha nacido un trébol en el Bosque Encantado. Y aún menos un Trébol Mágico de cuatro hojas. Nunca en estos mil años. Nunca.

El caballero Nott estaba desolado. Probablemente, Merlín había recibido la información errónea. O incluso peor: por su cabeza cruzó la idea de que tal vez le había engañado.

Nott se sintió verdaderamente deprimido. Era el tercer habitante del bosque que le decía que no habría suerte para él. Estaba tan obsesionado con tal realidad que no podía ver más allá. Realmente, escuchar a otros decir lo que uno ya sabía no conducía más que a reafirmarse en la propia evidencia. Cualquier persona que, como Nott, esté obsesionada por saber si hay o no tréboles en el bosque no podrá pensar más allá de eso. No tomará conciencia de que es necesario hacer algo al respecto. Por eso, Nott estaba tan abatido, se sentía víctima, se sentía utilizado, engañado. Se encontraba en una situación en la que no veía ninguna posibilidad de éxito.

El caballero Sid se levantó aquella mañana más satisfecho que la anterior. Observó alegre todo lo que llevaba realizado: tierra fértil y agua abundante. Si el lugar en que debía nacer el Trébol Mágico era aquel, precisaba saber entonces qué cantidad de sol y de sombra necesitaría.

Sid era un caballero y no un experto en jardinería, así que tendría que hablar con alguien sabio que supiera de plantas y árboles. Pero ¿con quién? De pronto se le ocurrió:

—¡Claro! ¡Cómo no! ¡La Secuoya! Es el árbol más sabio del bosque. ¡Ella sabrá cuánto sol necesita un trébol!

Sid cabalgó hasta el corazón del Bosque Encantado. Descendió de su corcel y se dirigió al árbol, como poco antes había hecho Nott.

—Distinguida Secuoya, Reina de los Árboles. ¿Deseas hablar?

No obtuvo respuesta. El caballero Sid insistió:

—Respetada y venerada Secuoya, Reina de los Árboles, si no estás demasiado fatigada, quisiera hacerte una pregunta. Aunque, si lo prefieres, puedo volver en otro momento.

Lo cierto es que la Secuoya había decidido no contestar a otro de aquellos arrogantes caballeros que, impacientes, le hacían preguntas, pero pronto vio que Sid no era un impaciente, ni un caballero arrogante. Por la amabilidad de sus palabras y por su respetuoso gesto de inclinación de cabeza, con la rodilla apoyada en el suelo, dedujo que era distinto. Cuando Sid estaba a punto de marcharse, la Secuoya lo llamó:

—Ciertamente estoy fatigada. Pero, dime, ¿cuál es tu pregunta?

—Gracias por contestarme, Reina de los Árboles. Mi pregunta es muy sencilla: ¿cuánto sol necesita un trébol para crecer, contando con que tenga tierra nueva y agua suficiente?

—Hummmmmm —meditó la Secuoya. Sin embargo, esta vez se tomó mucho menos tiempo para contestar porque sabía perfectamente la respuesta—. Necesita igual cantidad de sol que de sombra. Pero no encontrarás ningún lugar así aquí. Este bosque es todo sombra, como habrás podido observar. Por eso nunca ha nacido aquí un trébol. Esa es la respuesta a tu pregunta. Hasta pronto.

Pero el caballero Sid no se desanimaba fácilmente:

—¡Espera, espera! Solo una pregunta más, te lo ruego. Tú que eres la Reina de los Árboles, ¿me permites eliminar algunas ramas de alguno de tus súbditos? ¿Tengo tu permiso?

La Secuoya contestó:

—No te hace falta mi permiso. Solamente tienes que eliminar las ramas muertas y las hojas secas. Nunca nadie en este bosque se ha dedicado a despejar las copas de los árboles. Nadie jamás ha podado nuestras ramas. Por eso no hay luz en el bosque; sus habitantes son muy vagos. Siempre dejan sus obligaciones para mañana. Si dedicas un poco de tiempo, obtendrás luz y sombra por igual bajo cualquier árbol. Bastará con que quites las hojas y las ramas muertas. No necesitas mi permiso. Cualquier árbol al que hagas eso estará encantado.

»Cortar las ramas viejas, liberarse de lo que ya no sirve, es siempre un impulso para la vida del árbol y de lo que le rodea —añadió, esta vez con voz cálida y amable, la Secuoya.

—¡Gracias! ¡Muchas gracias, Majestad! —contestó Sid.

Se incorporó y, sin dar nunca la espalda a la gran Secuoya, retrocedió hasta su caballo.

El caballero de la capa blanca cabalgó raudo hasta el lugar donde renovó la tierra e hizo llegar el agua. Pero era ya bastante tarde. ¿Y si despejaba las copas de los árboles al día siguiente? De hecho, ya no le quedaba nada por hacer: tierra, agua y la cantidad justa de sol.

Ahora podía descansar; ya dedicaría el último día a podar los árboles. Pero de pronto recordó lo que le había dicho la Secuoya: «No lo dejes para mañana». También le vino a la memoria uno de los consejos que siempre le había ido mejor: «Actúa y no posterques». Era cierto que no había nada más que hacer y que tenía toda la jornada siguiente para eliminar ramas. Pero si lo hacía en aquel momento, dispondría de un día más, y disponer de un día más podía ser útil. Así pues, aprovechó las pocas horas de luz que le quedaban para podar las ramas.

Fiel a sus principios, decidió *actuar y no postergar las cosas que debía realizar.*

Empezó a subir entonces a las copas de los árboles que rodeaban su parcela de terreno y se entregó con pasión a la tarea de limpiarlos de ramas muertas.

Los árboles tenían muchos pies de altura y tuvo que escalarlos uno por uno, con la ayuda de una cuerda que guardaba en sus alforjas. Podó ramas y eliminó hojas muertas a fuerza de golpes de espada, sin lastimar para nada el tronco ni el resto de ramas vivas. Dedicó buena parte de la noche a esta labor, como si lo único que importara en ese momento, en su «aquí y ahora», fuera limpiar copas de árboles. El resultado final fue excelente.

Se sentía muy contento. Curiosamente, ya no le preocupaba que el lugar que había escogido para renovar la tierra, canalizar el agua y limpiar las ramas fuera el elegido o no para que justamente naciera en él el Trébol Mágico de cuatro hojas. Ahora ya sabía todo lo que precisaba un trébol para arraigar y lo había hecho. ¿A qué dedicaría el día siguiente? ¡Tal vez hubiera algo que aparentemente no fuera necesario, pero sí imprescindible!

Sintió que disfrutaba con lo que estaba haciendo, que se divertía, que se apasionaba y que todo aquello tenía un sentido, fuera cual fuese el resultado final.

Una noche más, Sid visualizó su Trébol Mágico. Esta vez lo imaginó bellamente arraigado en la tierra húmeda del pequeño espacio que había creado. Imaginó sus cuatro hojas, cada una con esa forma característica de corazón, abiertas para recibir la luz del sol que se colaba entre las ramas de los árboles gigantes que lo rodeaban.

No podía explicarlo, pero cuanto más sabía acerca de cómo crear las condiciones para que naciera un Trébol Mágico, menos le preocupaba si el suyo sería el lugar elegido por el trébol para crecer.

Por fin oscureció. Solamente quedaban dos noches.

# QUINTA
## REGLA DE LA BUENA SUERTE

*Si «dejas para mañana»*
*la preparación de las circunstancias,*
*la Buena Suerte quizá nunca llegue.*

*Crear circunstancias requiere dar*
*un primer paso… ¡Dalo hoy!*

# V
# STON, LA MADRE DE LAS PIEDRAS

Durante el sexto día, Nott se dedicó a vagar apesadumbrado por el Bosque Encantado. Realmente no pensaba que fuera a encontrar ningún trébol, pero tampoco quería volver solo al castillo real. Puestos a hacer el ridículo, prefería hacerlo en compañía de Sid.

Además, le costaba tanto reconocer sus errores o fracasos que optaba por responsabilizar de los mismos a otros. «Soy víctima de un error o de un engaño de Merlín», se decía.

El sexto día fue el más aburrido de cuantos pasó Nott en el bosque. A pesar de que logró cazar bastantes animales raros y se topó con extrañas plantas, no ocurrió nada relevante.

Lo peor era una sensación que le deprimía enormemente: estaba ya convencido de que él no tendría suerte en la vida. De lo contrario, ya habría encontrado el Trébol Mágico. A no ser, claro está, que Merlín le hubiera engañado.

Pero si Merlín le había engañado, ¿por qué no volver al castillo? ¿Por qué en el fondo seguía esperando?

Esperar era darle la razón a Merlín, era confiar aún en la suerte; por otra parte, cuanto más esperaba más cierto se hacía su temor de que la suerte no llegaría. ¿Qué estaba haciendo mal? ¿Por qué era tan desgraciado? «Aún no se ha cumplido el plazo. Yo merezco la suerte, soy especial, pero llevo muchos días aquí y nada indica que encontraré el trébol», se decía Nott.

Así transcurrió el día para el caballero del caballo negro y la negra capa. Como no le quedaba nada más que hacer, decidió ir a hablar con Ston, la Madre de las Piedras. Quería confirmar con alguien más lo que ya sabía: que en el Bosque Encantado no iba a nacer ningún Trébol Mágico, que él no era una persona de suerte.

No era extraño que Nott hiciera eso; ese es un rasgo curioso de las personas que piensan que no tienen suerte. Buscan a otra gente que les confirme su forma de ver la vida. Ser víctima no le gusta a nadie, pero exime aparentemente, y solo aparentemente, de toda responsabilidad ante la desgracia.

Ston se hallaba en la cima del Peñasco de los Peñascos. Una montaña inhóspita toda ella hecha de piedra. La escalada fue dura. Desde arriba veía casi todo el Bosque Encantado. Pensó que le gustaría encontrar a Sid, para hablar con él y preguntarle si deseaba volver ya al castillo real.

En la cima encontró a Ston, la Madre de las Piedras, que hablaba con otros pedruscos. Ston se dirigió a él:

—¡Hombre, mira! Uno de los caballeros que andan buscando tréboles. Desde hace cuatro días no se habla de otra cosa en el bosque. ¿Has encontrado el Trébol Mágico? —Y emitió una pequeña risita burlona.

—Ya sabes que no —respondió Nott, visiblemente enfadado—. Dime, Ston, ¿verdad que no hay ni habrá ningún Trébol Mágico de cuatro hojas en este bosque? ¿O quizá hay alguno por aquí, entre estos peñascos? No es posible, ¿verdad?

La Madre de las Piedras se desternillaba de risa:

—¡Pues claro que no! ¿Cómo quieres que crezcan tréboles entre las rocas? Se nota que empiezas a estar trastornado después de tantos días vagando por el Bosque Encantado. Deberías tener cuidado... si pasas demasiado tiempo aquí acabarás loco, como casi todos los humanos que han deambulado por este bosque sin una meta clara. No, aquí no hay tréboles. Los tréboles mágicos de cuatro hojas no pueden nacer donde hay piedras.

Nott descendió despacio el Peñasco de los Peñascos, y durante todo el descenso oyó las carcajadas de Ston.

Ya no había nada que hacer. Su temor se había visto finalmente confirmado. «No tendré Buena Suerte», se dijo. Luego se acordó de Sid y se alegró con amargura porque «ese otro loco tampoco encontrará el Trébol Mágico por mucho que se pasee por el bosque». Pensar en el fracaso de Sid le tranquilizaba, le consolaba, incluso le alegraba. «Si no hay Trébol Mágico para mí, tampoco lo habrá para él», declaró en voz alta, con rabia, y convencido.

Luego montó en su caballo y partió en busca de un lugar en el que dormir.

Por su parte, Sid comprobó al levantarse que el trabajo de la noche anterior había dado buenos resultados. Vio un espectáculo muy bello: la niebla se levantaba y daba paso a unos dorados rayos de sol que iluminaban la tierra que puso el primer día en el bosque. Comprobó entonces, para su gran satisfacción, que el sol y la sombra penetraban por igual en cada uno de los palmos de aquella tierra nueva. Se sentía verdaderamente orgulloso. Estaba feliz. Había renovado la tierra, había despejado los árboles para que llegara sol, había humedecido el suelo...

Era el último día, así que había que decidir bien en qué emplearlo. Ya que había hecho lo que consideró necesario, lo inteligente era descubrir si faltaba algo por hacer. Como él decía, el vaso estaba medio lleno. Ahora había que saber cómo llenarlo del todo, por si hubiera acertado con el lugar en el que iba a nacer el Trébol Mágico, tal y como había predicho Merlín. Como había pensado la noche anterior, en aquel momento se trataba de descubrir si faltaba algo aparentemente innecesario, pero que fuera imprescindible.

Tierra, agua, sol..., pero ¿qué más podía faltar?

Así pues, se pasó el sexto día preguntando a todos los seres que fue encontrando por el bosque qué es lo que podía faltarle a la tierra, además de la sombra, el sol y el agua, para que naciera un trébol de cuatro hojas. Pero nadie supo decirle qué era lo que faltaba.

Era ya mediodía y no se le ocurría a quién más podía preguntar. Necesitaba inspiración, perspectiva. Así que se le ocurrió ir al punto más elevado del bosque, para comprobar si desde allí veía algo que le permitiera saber si le faltaba algo más por hacer. «La perspectiva, la distancia, tener el horizonte a la vista siempre da ideas útiles e inesperadas», pensó.

Todos los caballeros sabían que el punto más elevado del bosque era el Peñasco de los Peñascos, pero al llegar allí se dio cuenta de que era altísimo. Quedaba solo medio día para que acabara el plazo que Merlín les había dado. ¿Tenía sentido subir? Aunque le llegara la inspiración, tampoco tendría demasiado tiempo para hacer algo.

Aun así, decidió subir. ¿Por qué? Sencillamente porque pensó en lo que ya había hecho y el trabajo y la dedicación que había invertido. Partiendo de lo que ya había logrado, quizá fuera aconsejable y bueno trabajar hasta el final, para saber si aún faltaba algo por hacer.

Escaló la montaña. Empezó a notar la suave brisa que llegaba lejos del nivel del suelo, al elevarse. Finalmente alcanzó la cima. Se sentó y empezó a otear el horizonte en busca de inspiración. Nada.

De pronto, una voz le sobresaltó. Salía de.... ¡de la roca que pisaban sus pies! Era Ston, la Madre de las Piedras.

—¡Me estás aplastando!

Sid se sobresaltó tanto que casi cayó peñasco abajo.

—¿Una roca que habla? ¡Lo que me faltaba por encontrar!

—No soy una roca que habla: soy Ston, la Madre de las Piedras —puntualizó, visiblemente molesta—. Supongo que tú debes de ser el otro caballero que anda buscando el... ¡ja, ja, ja!... el Trébol Mágico.

—¿Eres de veras la Madre de las Piedras? Entonces... no entenderás mucho de tréboles, ¿verdad?

—Evidentemente, no entiendo mucho de tréboles, pero algo sé —le contestó—. Ya se lo he dicho al otro caballero, al que vestía de negro: donde haya piedras no pueden crecer los tréboles de cuatro hojas.

—¿Has dicho de cuatro hojas? —replicó Sid.

—Sí, de cuatro hojas.

—¿Y los de tres hojas? —volvió a preguntar.

—Los de tres hojas sí que pueden nacer en un suelo con piedras. Pero los de cuatro hojas crecen con menos fuerza, por lo que precisan un suelo totalmente libre de piedras, que no impidan su crecimiento.

Aquella pequeña apreciación —lo que necesitaba un trébol de tres hojas y lo que necesitaba uno de cuatro—, que hubiera parecido banal para muchos, no lo fue para Sid. Él sabía que, a menudo, los elementos clave solamente se descubren en los pequeños detalles. En lo obvio, en lo ya conocido, difícilmente se encontraba la respuesta a lo «aparentemente innecesario, pero imprescindible».

—¡Claro! ¿Cómo no me había dado cuenta antes? ¡Mil gracias! Me voy, apenas me queda tiempo.

Sid bajó apresuradamente el Peñasco de los Peñascos. Tenía que correr a toda velocidad hasta la zona escogida: ¡no había quitado las piedras de su parcela de tierra!

Al llegar, quedaban todavía dos horas de luz. Sid quitó todas las piedras una a una. De hecho, la zona escogida estaba llena de ellas. Si por casualidad fuera el lugar donde iba a nacer el Trébol Mágico, este nunca hubiera crecido a causa de las piedras.

Sid se dio cuenta de lo importante que era valorar y reconocer lo alcanzado, o lo que él definía como «la parte ya llena del vaso», así como concentrarse en lo que pudiera faltar. Eso siempre le había ayudado a avanzar. Sid también se dio cuenta de que en los pequeños detalles se hallaba información clave. Aun cuando todo pareciera hecho y no quedara más por hacer, si uno mantenía la actitud adecuada, si se estaba dispuesto a saber si faltaba algo más por hacer, siempre se encontraban pistas que encauzaban por el buen camino. De hecho, eso era lo que había pasado. ¡Qué buena decisión no dejar para el día siguiente la poda de las ramas!, de lo contrario nunca hubiera sabido que había que retirar las piedras...

Una noche más se puso a dormir junto al espacio que había creado. Y una noche más se imaginó al bello Trébol Mágico en todo su esplendor, en el centro de la tierra que él había preparado, iluminado, regado y limpiado de piedras. Esa noche, además, imaginó cómo lo tomaba en sus manos. Sintió su suave textura en el roce con su piel, su intenso color verde, sus bellas hojas desplegadas. Le pareció incluso que sentía el agradable olor a clorofila que el Trébol Mágico desprendía. Era todo tan real que sintió por primera vez la certeza de que ese sería el lugar en el que nacería. Podía imaginarlo, podía sentirlo con todo lujo de detalles. Eso le hacía sentir muy bien. Un profundo sentimiento de alegría serena y de paz interior le acompañaba.

De todos modos, al día siguiente lo sabría. De eso también estaba seguro.

Llegó la oscuridad. Solamente quedaba una noche. La víspera del día en que tenía que nacer en el Bosque Encantado el Trébol Mágico de cuatro hojas, el trébol de la suerte ilimitada.

# SEXTA
## REGLA DE LA BUENA SUERTE

*Aun bajo las circunstancias aparentemente necesarias, a veces la Buena Suerte no llega.*

*Busca en los pequeños detalles circunstancias aparentemente innecesarias..., pero ¡imprescindibles!*

VI

# EL ENCUENTRO DE LOS CABALLEROS EN EL BOSQUE

La última noche, mientras Nott buscaba un sitio para dormir, notó que su caballo pisaba un trozo de tierra fresca, regada, sin ninguna piedra, y al mirar hacia arriba descubrió un claro abierto entre las copas de los árboles. Más allá, observó a Sid echado y su caballo atado a un árbol.

—¡Sid!

Este se incorporó. Aún no había conciliado el sueño:

—¡Nott!

—¿Cómo te va? ¿Has encontrado el Trébol Mágico? —preguntó Nott a Sid.

—No. Bueno, de hecho llevo ya tres días sin buscarlo. El primer día el Gnomo me dijo que no había tréboles en todo el bosque, así que decidí dejar de buscar...

—Entonces —preguntó Nott—, ¿qué diablos haces aquí? ¿Por qué no vuelves al castillo?

Antes de que pudiera responderle, se percató de que Sid tenía sus ropas tiznadas del musgo que crecía en el tronco de los árboles, sus botas embarradas y, en general, su indumentaria aparecía claramente manchada como resultado de los últimos cuatro días en el Bosque Encantado.

—Pero... ¿qué es lo que te ha pasado?

—Desde que el Gnomo me dijo que no podían nacer tréboles en el Bosque Encantado, me he dedicado a crear este espacio. ¡Fíjate! Tiene agua fresca y está bien abonado. ¡Acompáñame! Te enseñaré el arroyo que he hecho llegar desde el lago donde habita la Dama... Y ¡mira, mira! —prosiguió Sid, emocionado e ilusionado por poder mostrar a alguien lo que había creado—, estas son todas las piedras y ramas que he retirado en dos días, porque no sé si sabes que donde hay piedras...

Nott le interrumpió:

—Pero ¡¿te has vuelto loco?! ¿A santo de qué te dedicas a montar un huerto de... unos cuantos palmos... cuando no tienes ni remota idea de dónde va a nacer el Trébol Mágico? ¿No sabes que este bosque es algo así como varios millones de veces más extenso que esta pequeña parcela? Pero ¿eres bobo? ¿No te das cuenta de que no tiene sentido hacer todo lo que has hecho si nadie te dice dónde demonios hay que hacerlo? ¡Estás mal de la cabeza! Ya nos veremos en el castillo real. Yo me voy a buscar un sitio tranquilo donde pasar la noche.

Nott desapareció entre los árboles. Sid se lo quedó mirando, sorprendido por lo que le había dicho. Y pensó: «Merlín dijo que podíamos encontrar el Trébol Mágico, pero NO DIJO que NO fuera necesario hacer algo».

# SÉPTIMA

## REGLA DE LA BUENA SUERTE

*A los que solo creen en el azar, crear circunstancias les resulta absurdo.*

*A los que se dedican a crear circunstancias, el azar no les preocupa.*

# VII
# LA BRUJA Y EL BÚHO VISITAN A NOTT

La última noche podía haber transcurrido plácidamente..., pero alguien quiso que no fuera así para ninguno de los dos caballeros...

Mientras Nott dormía —esperaba ansioso el momento del amanecer para regresar a su castillo—, un ruido le sobresaltó de tal manera que se levantó en un segundo y desenvainó su espada.

—¡Uuuuuuuhhhhhh! —Era el búho de la bruja Morgana. Esta de pie, junto a él, parcialmente iluminada por la lumbre del fuego que el caballero había encendido hacía un rato para protegerse del frío.

—¿Quién eres? ¿Qué quieres? ¡Ten cuidado, mi espada está afilada!

—Guarda tu espada. He venido a hacer un trato contigo, Nott, caballero del caballo negro y de la negra capa.

—¿Un trato? ¿Qué trato quieres hacer? No quiero tratos con brujas, y menos aún contigo, Morgana; tienes muy mala fama.

—¿Estás seguro? Es sobre... un trébol de cuatro hojas —dijo sutilmente la bruja Morgana, mientras mostraba sus negros dientes, frotaba sus viejas manos de largas uñas y arrugaba su nariz aguileña y afilada en lo que pretendía ser una sonrisa amable. El caballero Nott envainó su espada y se inclinó hacia delante:

—Hablemos. ¿Qué sabes?

—Sé dónde nacerá el Trébol Mágico de cuatro hojas.

—¡Vamos, rápido! ¡Dímelo! —exigió, impaciente, Nott.

—Te lo diré si antes prometes cumplir tu parte del trato.

—¿Y cuál es esa parte del trato que debo cumplir? —preguntó Nott de inmediato.

—Quiero que cuando encuentres a Merlín... ¡lo mates con tu espada!

—¡¿Cómo?! ¿Por qué he de matar a Merlín?

—Porque él te ha engañado. Él sabe dónde nacerá el Trébol Mágico, al igual que yo lo sé. El pacto es muy claro: yo te digo dónde encontrar el Trébol Mágico y tú matas a Merlín. Suerte ilimitada para ti, final de mis problemas de hechicería para mí. Con la muerte de Merlín, tú accedes al Trébol Mágico y yo elimino a mi principal rival.

Nott estaba tan desengañado y frustrado y tenía tantas ganas de tomarse la revancha y ser él quien hallara el Trébol Mágico que decidió aceptar. Eso no era extraño: cuando una persona ya no tiene fe en que puede crear Buena Suerte, lo que hace es comprársela al primero que se la ofrece. De hecho, el que espera encontrar suerte cree que es algo fácil y que no requiere trabajo. Y eso es lo que le pasó a Nott.

—Trato hecho. Dime dónde nacerá el Trébol Mágico.

—Recuerda que has dado tu palabra. El Trébol Mágico nacerá mañana... ¡en el jardín del castillo real! No está ni estará nunca en este bosque.

—¡¿Cómo?! —exclamó Nott, que no daba crédito a lo que acababa de oír.

—¡Claro! ¿No te das cuenta? Merlín consiguió engañar a todos los caballeros con su estratagema: al plantearles el reto de buscarlo en el Bosque Encantado, todos quedaron emplazados a venir aquí a perder el tiempo. Solo vinisteis dos. Merlín pensaba que vendrían más. Pero, en cualquier caso, logró despistar la atención del jardín del castillo real. Nadie espera encontrar en ese lugar el Trébol Mágico. Él estará mañana allí para arrancarlo. Debes apresurarte. Necesitaste dos días para llegar aquí y tienes solamente una noche para regresar. ¡Ensilla tu caballo y cabalga raudo, aunque tu negro corcel reviente!

Nott estaba verdaderamente enfurecido. Pero, por fin, todo encajaba.

«Por eso todos y cada uno de los habitantes del Bosque Encantado me han tomado por un estúpido que perdía su tiempo buscando un Trébol Mágico que nunca había nacido, ni nacerá aquí... Todo cuadra», pensó.

Así pues, Nott ensilló su caballo y desapareció enfurecido y a gran velocidad entre los árboles, camino del reino habitado, con destino al castillo.

# OCTAVA
## REGLA DE LA BUENA SUERTE

*Nadie puede vender suerte.*

*La Buena Suerte no se vende.*

*Desconfía de los vendedores de suerte.*

## VIII
# LA BRUJA Y EL BÚHO VISITAN A SID

La bruja soltó una ruidosa y malévola carcajada y se dirigió hacia el norte, donde sabía que Sid pasaba la noche. Sid dormía plácidamente. Tanto, que al búho le tomó tres alaridos despertarlo:

—¡Uuuuuhhhh! ¡Uuuuuhhhh! ¡Uuuuuhhhh!

—¿Quién va? —preguntó Sid, que se puso en pie y asió con firmeza la empuñadura, sin llegar a desenvainar su espada.

—No temas. Soy Morgana, la bruja. —Sid se mantuvo en pie.

—¿Qué es lo que deseas de mí?

La bruja era malvada. Ella quería dos cosas: por una parte, que Nott matara a Merlín y, por la otra, persuadir a Sid para que se marchara del lugar. De este modo, ella se quedaría con el Trébol Mágico en caso de que al día siguiente este naciera en algún lugar del bosque. Morgana ideó otra mentira para Sid:

—El Trébol Mágico nacerá mañana. Pero Merlín te ha mentido. No es un trébol de suerte ilimitada...

¡es el trébol de la desgracia! Yo misma realicé el conjuro: «El que lo arranque morirá a los tres días». Pero si nadie lo arranca, entonces Merlín morirá al caer la noche. Por eso, os ha engañado a ti y al otro caballero. Para que alguno de los dos muera en su lugar. Merlín precisa que el trébol sea arrancado antes de mañana al anochecer. Vuelve al castillo: Nott ya está en camino.

La bruja había sido muy astuta: no dejaba opción a Sid. Si al día siguiente encontraba el Trébol Mágico no sabría qué hacer. Si lo arrancaba, moriría. Pero ¿y si el que tenía razón era Merlín? ¿Y si en realidad era el Trébol de la Buena Suerte?

Lo mejor y lo más fácil sería hacer como Nott: abandonar el bosque y no enfrentarse a ese dilema. Pensó durante unos segundos y a continuación le dijo a Morgana:

—Bien. Entonces partiré esta misma noche...

La bruja sonrió, satisfecha, aunque Sid añadió:

—... Pero iré a buscar a Merlín. Le pediré que sea él quien arranque el Trébol Mágico. El hechizo del que me hablas dice que quien lo arranque morirá a los tres días, pero si quien lo hace es Merlín, entonces él no morirá. El conjuro quedará deshecho, ya que el que debe morir si no se arranca y el que ha de morir si se arranca son la misma persona. Así, Merlín quedará a salvo y después me dará el trébol.

Sid había sido más inteligente que la bruja Morgana, que ahora ya no sonreía. Al darse cuenta de que Sid no había caído en su trampa, dio media vuelta con el búho en su hombro, se subió a la escoba y partió veloz, cual perro con el rabo entre las piernas, refunfuñando ruidosamente.

Sid reflexionó sobre lo sucedido. Él sabía que Merlín no engañaba a nadie. ¿Cómo podía Nott haber creído en algo así o en lo que fuera que le hubiera dicho la bruja? ¿No sabía, como buen caballero, que lo verdaderamente importante era no perder la fe en la propia empresa?

Había visto a tantos caballeros desesperarse y abandonar cuando la Buena Suerte tardaba en llegar, que había aprendido la importancia de mantener la fe en lo que uno pensaba que era lo correcto.

Antes de dormirse, pensó también lo importante que era no cambiar la empresa propia por la empresa de otro, es decir, la de la bruja por la suya propia. La Buena Suerte le había llegado siempre que se había mantenido fiel a su empresa, a su cometido, a su misión y a su propio propósito.

Por último, recordó lo que siempre le había dicho su maestro: «Desconfía del que te propone asuntos en los que se gana mucho de forma fácil y rápida. Desconfía del que te venda suerte».

# NOVENA
## REGLA DE
## LA BUENA SUERTE

*Cuando ya hayas creado*
*todas las circunstancias, ten*
*paciencia, no abandones.*

*Para que la Buena Suerte*
*llegue, confía.*

IX

# EL VIENTO, SEÑOR DEL DESTINO Y DE LA SUERTE

A la mañana siguiente, Sid se levantó algo inquieto. Se sentó cerca de la tierra que había preparado y esperó. Pasaron las horas, pero nada ocurría.

El día fue avanzando, pero seguía sin suceder nada. Sid pensó:

«Bueno, en cualquier caso, he vivido apasionadamente estos días en el Bosque Encantado. He hecho lo que he creído que era correcto y necesario.»

En verdad era muy difícil escoger el lugar exacto en el que se suponía debía brotar el Trébol Mágico de cuatro hojas, el trébol de la suerte ilimitada.

Pero de pronto ocurrió algo inesperado.

El viento, el Señor del Destino y de la Suerte, aquel que en apariencia se mueve al azar, empezó a agitar las hojas de los árboles. Y a continuación comenzaron a llover unas semillas pequeñas, que eran como minúsculas pepitas de oro verde. Eran semillas de tréboles de cuatro hojas, cada semilla era... ¡UN TRÉBOL DE LA

SUERTE EN POTENCIA! Y no era una sola... llovían multitud de semillas de tréboles de cuatro hojas.

Pero lo verdaderamente inaudito es que no solo caían en el lugar donde estaba Sid, sino en todo el Bosque Encantado, ABSOLUTAMENTE EN TODOS Y CADA UNO DE LOS RINCONES del bosque.

Y no solo en el Bosque Encantado, sino en todo el reino: llovían semillas de tréboles de cuatro hojas sobre las cabezas de los caballeros que no aceptaron el reto de Merlín; llovían sobre todos los seres del bosque, sobre el Gnomo, sobre la Secuoya, sobre la Dama del Lago, sobre Ston...; llovían sobre Nott y sobre Morgana. Llovían semillas de tréboles de cuatro hojas... ¡EN TODAS PARTES!

Los habitantes del Bosque Encantado y del reino habitado no les prestaron atención. Sabían que una vez al año, por esas fechas, se daba esa lluvia extraña de semillas verde oro «que no servía para nada». De hecho, cada año suponía una molestia, pues era una llovizna bastante pringosa...

Al cabo de pocos minutos, dejaron de llover semillas de tréboles de cuatro hojas. Las minúsculas semillas de oro verde se confundieron entonces con el suelo, como pequeñas gotas de agua en un océano, a medida que caían por todos los rincones del reino. Sencillamente, se perdían como las simientes que se arrojan al desierto.

Y así se desperdiciaron, pues no germinarían. Millares y millares de ellas murieron en el suelo gastado, duro y pedregoso de un bosque sombrío.

Todas, excepto unas decenas de ellas que fueron a parar a una pequeña extensión de tierra fresca y fértil, en la que lucía el sol y refrescaba la sombra, en la que había agua abundante y que estaba libre de piedras.

Esas y solamente esas semillas se convirtieron al cabo de poco en brotes de tréboles de cuatro hojas, en multitud de brotes de Tréboles Mágicos, un número suficientemente grande para tener suerte todo el año... hasta la lluvia del año siguiente. En otras palabras: suerte ilimitada. Sid observó extasiado la Buena Suerte que había creado. Conmovido y emocionado, se arrodilló en signo de gratitud y brotaron lágrimas de sus ojos.

Cuando se dio cuenta de que el viento amainaba quiso despedirse de él y darle las gracias por haber traído las semillas. Así que, mirando al cielo, lo invocó:

—Viento, Señor del Destino y de la Suerte, ¿dónde estás? ¡Quisiera darte las gracias!

El viento le respondió:

—No es necesario que me des las gracias. Cada año, por estas mismas fechas, reparto semillas de tréboles de cuatro hojas por todo el Bosque Encantado y por todos los rincones del reino habitado. Soy el Señor del Destino y de la Suerte y entrego, siguiendo un orden firme, las semillas de la Buena Suerte allí por donde paso. En contra de lo que muchos piensan, yo no reparto suerte, sencillamente me ocupo de diseminarla en todas partes por igual. Los Tréboles Mágicos nacieron porque tú creaste las condiciones adecuadas para ello. Cualquiera que hubiese hecho lo mismo hubiera creado Buena Suerte. Yo me limité a hacer lo que siempre he hecho. La Buena Suerte que llevo conmigo está siempre ahí. *El problema es que casi todo el mundo cree que no es necesario hacer nada.*

Y prosiguió:

—De hecho, daba igual el lugar que hubieras elegido. Lo importante era que lo prepararas tal y como hiciste. La suerte es la suma de oportunidad y preparación. Pero la oportunidad... siempre está ahí.

Y así es.

Solamente crecieron tréboles de cuatro hojas, Tréboles Mágicos, bajo los pies de Sid, puesto que él era el único en todo el reino que había creado las condiciones para que crecieran.

Porque, contrariamente a lo que muchos creen, la Buena Suerte no es algo que pase a pocos que no hacen nada.

La Buena Suerte es aquello que nos puede pasar a todos, si hacemos algo.

Y ese algo consiste tan solo en crear las condiciones para que las oportunidades, que están ahí para todos por igual, no se nos mueran como semillas de tréboles de cuatro hojas que caen en tierra estéril.

Y el viento se alejó, a la vez que Sid abandonaba el Bosque Encantado para encontrarse con Merlín.

# DÉCIMA
## REGLA DE LA BUENA SUERTE

*Crear Buena Suerte es preparar las circunstancias a la oportunidad.*

*Pero la oportunidad no es cuestión de suerte o azar: ¡siempre está ahí!*

*Por tanto:*

*crear Buena Suerte únicamente consiste en… ¡crear circunstancias!*

X

# EL REENCUENTRO CON MERLÍN

Nott cabalgó durante toda la noche de la séptima jornada. Al llegar al castillo, su caballo negro tenía el lomo y los costados ensangrentados por los golpes de fusta y los frenéticos toques de espuelas. Debía llegar justo a tiempo para coger el Trébol Mágico que suponía había brotado en los jardines del castillo. Poco después, el pobre corcel moría de agotamiento.

Nott atravesó la puerta del castillo y cada uno de sus salones, derribando a golpes y patadas todo cuanto encontró en su camino. Llevaba la espada desenfundada, y su rostro desencajado mostraba unos ojos rojos de ira.

—¡Merlín! ¡Merlín! ¿Dónde estás? ¡No te escondas, porque te encontraré!

Nott decidió ir al verde y frondoso jardín del castillo, pues sabía que allí encontraría al mago.

Cuando abrió la puerta que conducía al exterior, pudo observar a Merlín en el centro del jardín. De pie, firme y sereno, apoyado en su largo bastón, con el semblante serio. Pero el jardín no era ya un jardín... ¡era un patio de losas! ¡Durante las últimas siete noches, los maestros de obra del castillo se habían dedicado a cubrir la tierra!

A Nott se le cayó la espada de la mano:

—¿Por qué lo has hecho? ¿Por qué has cubierto el jardín de losas? —le preguntó a Merlín.

—Porque si no, hubieras intentado matarme. No hubieras atendido a mis explicaciones. Era la única forma de convencerte de que aquí no había ningún trébol y de que la bruja te engañó. Yo, Merlín el Mago, lo sé todo. Sabía que la bruja te vendería su suerte: la que casi nunca sucede. Sabía que vendrías hasta aquí para matarme y solo después de buscar horas y horas en el jardín te convencerías de que aquí no estaba el Trébol Mágico. Necesitaba disuadirte antes. No quería luchar vanamente contra ti.

Nott empezó a darse cuenta de su error. Había elegido el camino fácil. Él siempre pensó que se merecía la suerte. En aquel preciso momento, en el jardín del castillo, junto a Merlín, tomó conciencia de que estaba equivocado. Merlín prosiguió con sus explicaciones:

—Ahora ya lo sabes: el Trébol Mágico no está aquí. Nació hace unas horas en el Bosque Encantado, tal y como prometí. Había suficientes Tréboles Mágicos, también para ti. Pero te abandonaste a ti mismo:

no creíste en ti. Es más, esperaste siempre que los demás te regalaran su suerte. Tu visión de esta empresa era demasiado limitada y carecía de la pasión, el entusiasmo, la entrega, la generosidad y la confianza necesarias para llegar a obtener cuantos tréboles mágicos de la Buena Suerte hubieras querido.

Nott dio media vuelta y, sin espada ni caballo, anduvo hasta su castillo, donde permaneció en negra soledad por muy largo tiempo.

Al día siguiente, Sid llegó a la ciudad. Lo primero que hizo fue ir al castillo para decirle a Merlín que había encontrado el Trébol Mágico, el trébol de la suerte ilimitada. Quería darle las gracias.

—¡Merlín, Merlín! ¡Mira! —y le mostró un puñado de tréboles de cuatro hojas, tréboles de la Buena Suerte. Fíjate, no se trataba de un solo Trébol Mágico: hay tantos como quieras.

—¡Claro, Sid! Porque si uno crea circunstancias, puede generar tanta Buena Suerte como quiera. Por eso, la Buena Suerte es suerte ilimitada.

—Me gustaría darte las gracias de alguna forma, Merlín. A ti te lo debo.

—¡En absoluto! —le respondió Merlín—. Yo no hice nada. Absolutamente nada. TÚ decidiste ir al

Bosque Encantado, TÚ aceptaste el desafío entre cientos de caballeros, TÚ optaste por renovar la tierra, a pesar de que te dijeron que nunca nacería un trébol en el bosque. TÚ decidiste compartir tu suerte con la Dama del Lago. TÚ decidiste perseverar y no postergar la limpieza de las ramas. TÚ te diste cuenta de lo que era aparentemente innecesario pero imprescindible y comprendiste la importancia de quitar las piedras cuando parecía que ya lo habías hecho todo. TÚ decidiste creer para ver. TÚ creíste en lo que habías hecho, aun cuando te dijeron que te podían vender la suerte.

Y Merlín añadió:

—Pero, y esto es lo más importante, Sid, TÚ DECIDISTE NO CONFIAR EN LA CASUALIDAD PARA ENCONTRAR EL TRÉBOL, Y PREFERISTE CREAR LAS CIRCUNSTANCIAS PARA QUE ÉL VINIERA A TI.

Y sentenció:

—TÚ DECIDISTE SER LA CAUSA DE TU BUENA SUERTE.

# EL NUEVO ORIGEN
## DE LA BUENA SUERTE

*Dado que crear Buena Suerte es crear circunstancias… la Buena Suerte solamente depende de TI.*

*A partir de hoy, ¡TÚ también puedes crear Buena Suerte!*

Sid se despidió de Merlín con un firme y afectuoso abrazo. Después subió a su blanco caballo y partió en busca de aventuras. Pasó el resto de sus días enseñando a otros caballeros y no caballeros, incluso a los niños, las reglas de la Buena Suerte.

Ahora que sabía crear Buena Suerte, no podía guardar ese secreto solamente para sí, porque la Buena Suerte es para compartirla.

Y es que Sid pensó que si, actuando en solitario, había sido capaz de crear tanta Buena Suerte en tan solo siete jornadas, ¿de qué no sería capaz todo un reino, si cada uno de sus habitantes aprendían a crear Buena Suerte el resto de sus vidas?

TERCERA PARTE

# EL REENCUENTRO

Al acabar el cuento, David también estaba descalzo y apoyaba sus pies desnudos sobre los frescos tréboles que había bajo el banco en el que los dos amigos se habían sentado.

Los dos quedaron en silencio, como si meditaran acerca del cuento. Así pasaron unos minutos. Los dos estaban pensando en algo. Una lágrima rodó por la mejilla de David. El primero en hablar fue Víctor:

—Sé lo que estás pensando, pero no veas segundas intenciones en mis palabras...

—¿Por qué? —preguntó David.

—Supongo que piensas que es solamente una fábula, un cuento... no sé... no quise decir que tú... yo solamente quería hacerte llegar la Buena Suerte.

—Precisamente pensaba en eso, Víctor. Pensaba en la forma en que este cuento ha llegado a mí: la fortuna de un encuentro con mi amigo de la infancia, que no veía desde hacía cincuenta años, ha puesto este cuento en mis manos.

Víctor reflexionó sobre ello, sobre el encuentro casual con David: una tremenda casualidad. Eso había sido suerte, y no Buena Suerte. Pensó que el cuento de la Buena Suerte le había llegado a David por azar. ¡Vaya paradoja!, pensó. Le dijo a David:

—Sí, es cierto. El cuento de la Buena Suerte ha llegado a tus manos por azar.

—¿Eso crees? —le espetó David—. Precisamente yo estaba pensando todo lo contrario.

—¿Lo contrario? —preguntó Víctor sin comprender a qué se refería David.

—Sí, lo contrario. He sido yo el que ha creado las circunstancias para que este cuento llegara a mí. Para que la Buena Suerte llegara a mis manos.

—¡¿Tú?!

—Sí, Víctor. No es casualidad que tú y yo nos hayamos encontrado. En estos últimos cuatro años, los peores que he pasado, mi única esperanza era encontrar al único amigo que he tenido: a ti. En los últimos años no hubo un solo día que no buscara tu rostro en cualquier semblante con el que me cruzara. En cada persona que me salía al paso, en cada semáforo, en las terrazas de los bares, en todos los rincones de la ciudad... nunca he dejado de mirar a cada cara, con la esperanza de reconocer la tuya. Eres el único amigo que tengo y que he tenido. He imaginado muchas veces que te encontraba. He visualizado muchas veces nuestro reencuentro, igual que Sid veía crecer su trébol. A veces, incluso he podido sentir el abrazo que nos dimos hace una hora escasa... jamás dejé de creer que sucedería.

Y añadió:

—Te he encontrado porque yo quise encontrarte... El cuento de la Buena Suerte ha llegado a mí, porque yo, sin saberlo, lo estaba buscando.

Visiblemente emocionado, Víctor le dijo a David:

—Así pues, en realidad piensas que la fábula está en lo cierto...

—Claro —prosiguió David— no puede ser de otro modo: nuestro encuentro me ha demostrado que yo también puedo ser como Sid. Hoy he sido yo el que ha creado Buena Suerte. Yo también puedo crear Buena Suerte. ¿No te das cuenta?

—¡Naturalmente! —exclamó Víctor.

—¿Podría añadir yo una regla más a tu fábula? —le preguntó entonces su amigo.

—Por supuesto —dijo Víctor.

Y David añadió:

# EL CUENTO
## DE
## LA BUENA SUERTE...

*... nunca llega a tus manos*
*por casualidad.*

Víctor sonrió. No hacía falta decir nada más. Entre buenos amigos, las palabras son, muchas veces, innecesarias. Se abrazaron de nuevo. Víctor se fue, pero David se quedó sentado en el banco y volvió a poner sus pies desnudos sobre la fresca hierba del gran parque de la ciudad.

David notó un cosquilleo en el tobillo. Se inclinó y, sin mirar, arrancó una brizna que le rozaba muy suavemente la piel, que reclamaba su atención.

Era un trébol de cuatro hojas.

David había decidido, a sus sesenta y cuatro años, empezar a crear Buena Suerte.

... ¿Cuánto tiempo esperarás tú?

CUARTA PARTE

# ALGUNAS PERSONAS QUE ESTÁN DE ACUERDO

«El noventa por ciento del éxito se basa simplemente en insistir.»

*Woody Allen*

«¿Circunstancias? ¿Qué son las circunstancias? ¡Yo soy las circunstancias!»

*Napoleón Bonaparte*

«Solo triunfa en el mundo quien se levanta y busca las circunstancias, y las crea si no las encuentra.»

*George Bernard Shaw*

«Muchas personas piensan que tener talento es una suerte, pocas sin embargo piensan que la suerte puede ser cuestión de talento.»

*Jacinto Benavente*

«La suerte favorece solo a la mente preparada.»

*Isaac Asimov*

«La suerte ayuda a los osados.»

*Virgilio*

«La suerte es el pretexto de los fracasados.»

*Pablo Neruda*

«El fruto de la suerte solo cae cuando está maduro.»

*Friedrich von Schiller*

«Creo muchísimo en la suerte y descubro que cuanto más trabajo, más suerte tengo.»

*Stephen Leacock*

«Cuanto más practico, más suerte tengo.»

*Gary Player*

«Existe una puerta por la que puede entrar la Buena Suerte, pero tú tienes la llave.»

*Proverbio japonés*

«Nuestra suerte no se halla fuera de nosotros, sino en nosotros mismos y en nuestra voluntad.»

*Julius Grosse*

«La suerte va al coraje.»

*Ennio*

«De todos los medios que conducen a la suerte, los más seguros son la perseverancia y el trabajo.»

*Marie R. Reybaud*

«La suerte ayuda a los valientes.»

*Publio Terencio*

«La resignación es un suicidio cotidiano.»

*Honoré de Balzac*

«Que la inspiración llegue no depende de mí. Lo único que yo puedo hacer es ocuparme de que me encuentre trabajando.»

*Pablo Picasso*

«La suerte del genio es un uno por ciento de inspiración y un noventa y nueve por ciento de transpiración, o sea, sudar.»

*Thomas Edison*

«El secreto de un gran negocio consiste en saber algo más que nadie sabe.»

*Aristóteles Onassis*

«Tú eres el motivo de casi todo lo que te sucede.»

*Niki Lauda*

«La suerte no es más que la habilidad de aprovechar las ocasiones favorables.»

*Orison Sweet Marden*

«Solo aquellos que nada esperan del azar son dueños del destino.»

*Matthew Arnold*

«El hombre sabio crea más oportunidades que las que encuentra.»

*Francis Bacon*

«Un optimista ve la oportunidad en toda calamidad; un pesimista ve una calamidad en toda oportunidad.»

*Winston Churchill*

«Dios no juega a los dados con el universo.»

*Albert Einstein*

«"¿Y cuándo piensas realizar tu sueño?", le preguntó el Maestro a su discípulo. "Cuando tenga la oportunidad de hacerlo", respondió este. El Maestro le contestó: "La oportunidad nunca llega. La oportunidad ya está aquí."»

*Anthony de Mello*

QUINTA PARTE

# DECÁLOGO, SÍNTESIS Y NUEVO ORIGEN DE LA BUENA SUERTE

**Primera Regla de la Buena Suerte**
La suerte no dura demasiado tiempo,
porque no depende de ti.
La Buena Suerte la crea uno mismo,
por eso dura siempre.

**Segunda Regla de la Buena Suerte**
Muchos son los que quieren tener Buena Suerte,
pero pocos los que deciden ir a por ella.

**Tercera Regla de la Buena Suerte**
Si ahora no tienes Buena Suerte tal vez sea
porque las circunstancias son las de siempre.
Para que la Buena Suerte llegue, es
conveniente crear nuevas circunstancias.

**Cuarta Regla de la Buena Suerte**
Preparar circunstancias para la Buena Suerte
no significa buscar solo el propio beneficio.
Crear circunstancias para que otros
también ganen atrae a la Buena Suerte.

**Quinta Regla de la Buena Suerte**
Si «dejas para mañana» la preparación de las circunstancias, la Buena Suerte quizá nunca llegue.
Crear circunstancias requiere dar un primer paso... ¡Dalo hoy!

**Sexta Regla de la Buena Suerte**
Aun bajo las circunstancias aparentemente necesarias, a veces la Buena Suerte no llega.
Busca en los pequeños detalles circunstancias aparentemente innecesarias..., pero ¡imprescindibles!

**Séptima Regla de la Buena Suerte**
A los que solo creen en el azar, crear circunstancias les resulta absurdo.
A los que se dedican a crear circunstancias, el azar no les preocupa.

**Octava Regla de la Buena Suerte**
Nadie puede vender suerte.
La Buena Suerte no se vende.
Desconfía de los vendedores de suerte.

**Novena Regla de la Buena Suerte**
Cuando ya hayas creado todas las circunstancias, ten paciencia, no abandones.
Para que la Buena Suerte llegue, confía.

**Décima Regla de la Buena Suerte**
Crear Buena Suerte es preparar las circunstancias a la oportunidad.
Pero la oportunidad no es cuestión de suerte o azar: ¡siempre está ahí!

## SÍNTESIS

Crear Buena Suerte únicamente consiste en... ¡crear circunstancias!

## EL NUEVO ORIGEN DE LA BUENA SUERTE

Dado que crear Buena Suerte es crear circunstancias...
la Buena Suerte solamente depende de TI.
A partir de hoy, ¡TÚ también puedes crear Buena Suerte!

Y recuerda que...

el cuento de la Buena Suerte...

... nunca llega a tus manos por casualidad.

*Este libro se escribió*
*en ocho horas, de un solo tirón.*
*Sin embargo, nos llevó*
*más de tres años*
*identificar las reglas de*
*la Buena Suerte.*

*Algunos solo recordarán*
*lo primero.*
*Otros, solo recordarán*
*lo segundo.*

*Los primeros pensarán*
*que tuvimos*
*suerte.*

*Los otros pensarán*
*que aprendimos y trabajamos para*
*crear «Buena Suerte».*

# LA FÓRMULA DE LA BUENA SUERTE

«El azar reparte las cartas, pero nosotros las jugamos.»

*Arthur Schopenhauer*

Schopenhauer tenía mucha razón.

Como él, los autores de este libro también entendemos la buena suerte como una combinación de dos elementos. Por un lado, está aquello que no podemos controlar, lo que no depende de nosotros, ese azar que «reparte las cartas». Por otro lado, está todo aquello que sí podemos controlar, es decir, cómo jugamos esas cartas que nos han sido azarosamente entregadas.

Ambas cosas son igualmente importantes, por supuesto. Pero lo determinante, lo verdaderamente clave es lo segundo. Fijémonos en que hay personas con cartas magníficas que pierden la partida por no jugarlas bien; y hay personas que parten con una mano de cartas muy mala y son capaces de darle la vuelta a su mala suerte original y ganar la partida.

Dicho de otro modo, y tal y como también afirmaba Voltaire, en la buena suerte confluyen el azar —lo que no depende de nosotros— y nuestra preparación para poder jugar bien nuestras cartas —lo que depende de nosotros—.

El cuento de la Buena Suerte finaliza con una frase que resume nuestra creencia fundamental: *tú eres la causa de tu buena suerte*. Porque el caballero Sid, a pesar de recibir la misma información que el caballero Nott, decide no resignarse sino que aprende de la información que le brinda cada personaje del Bosque Encantado y crea circunstancias que facilitan el nacimiento no de uno, sino de innumerables tréboles de cuatro hojas.

Sid ha preparado el terreno, lo ha abonado, ha podado las ramas secas de los árboles para que el sol derrame sus rayos sobre su parcela fértil, que ha limpiado de piedras y regado con el agua procedente del lago.

Sí, Sid ha sido la causa de su buena suerte, una buena suerte que, además, desea compartir con todos aquellos quienes le rodean. Porque recordemos lo que dicta la cuarta regla de la Buena Suerte: la suerte solo es buena cuando la compartimos para mejorar la vida de los demás.

Voltaire, Schopenhauer, y tantos otros genios, artistas, deportistas, o científicos célebres, como recogen las citas del final de este libro, también conciben a la buena suerte como *el lugar donde confluyen preparación y azar.*

Hace unos años, los autores decidimos demostrar matemáticamente que esta afirmación era verdadera. Así que desarrollamos una breve fórmula con un resultado sorprendente.

Veamos.

Si la buena suerte es la combinación de la preparación (lo que depende de nosotros, el cómo jugamos las cartas que recibimos en la vida), y de lo que no depende de nosotros, el azar (lo que, a priori, no podemos controlar), tenemos ya una primera fórmula que nadie cuestiona: buena suerte es igual a preparación multiplicado por azar:

**(1)**

**BUENA SUERTE = PREPARACIÓN x AZAR**

El problema es que esta fórmula basta para desanimar a la gran mayoría. Al primero, a Nott. Dado que el Bosque Encantado es enorme, el azar es máximo. No tiene sentido preparar el terreno.

En la vida cotidiana, muchas personas piensan lo mismo. Pero de lo que no se percatan es que, a menudo, el azar se nos antoja infinito porque nos abandonamos a él. Si nuestra preparación es nula, sea cual sea la disciplina de la que hablemos, el azar es infinito.

Pongamos un ejemplo: si nunca hemos usado un arco con flechas y nos entregan ambos para que disparemos a una diana lejana, es imposible acertar. Y en el improbable caso de que ocurriera, si damos en el blanco al primer intento, todos quienes presencien el suceso afirmarán con razón que «le hemos dado por azar» o que «hemos tenido pura suerte».

Pero ¿y si entrenamos todos los días sin descanso? Cuando hayamos lanzado miles de flechas, nuestra preparación aumentará y el azar cada vez se irá reduciendo más y más. Y cuando tras años de entrenamiento, acertemos en el blanco al primer intento, nadie dirá que hemos tenido suerte, ¿verdad? Porque ese lanzamiento preciso será el resultado de un largo entrenamiento.

En resumen, estaremos de acuerdo en que el azar es inversamente proporcional a la preparación. A quienes les guste las matemáticas, sabrán que esto se expresa mediante esta segunda fórmula:

(2)

$$\text{AZAR} = \frac{1}{\text{PREPARACIÓN}}$$

Si la preparación es pequeña, el azar es grande. Y si la preparación es muy alta, el azar tiende a cero.

Tenemos las fórmulas (1) y (2):

$$\text{BUENA SUERTE} = \text{PREPARACIÓN} \times \text{AZAR}$$

$$\text{AZAR} = \frac{1}{\text{PREPARACIÓN}}$$

Ahora, en la primera fórmula vamos a sustituir AZAR por lo que indica la segunda fórmula:

$$\text{BUENA SUERTE} = \text{PREPARACIÓN} \times \frac{1}{\text{PREPARACIÓN}}$$

Con lo que numerador se va con denominador y obtenemos que:

$$\text{BUENA SUERTE} = \cancel{\text{PREPARACIÓN}} \times \frac{1}{\cancel{\text{PREPARACIÓN}}}$$

Y, por tanto:

$$\text{BUENA SUERTE} = 1$$

Buena suerte es igual a uno. ¡A uno mismo!

Y esa es la demostración matemática de que, esencialmente, la suerte depende de cómo jugamos nosotros las cartas, de que todo es una cuestión de actitud ante la suerte y ante la vida.

Si quiere, el lector puede tomar estas matemáticas como un pequeño guiño, un divertimento. Pero sin olvidar que las matemáticas son la única disciplina donde se sostienen verdades universales.

Y esta es una verdad universal: cuanto más ponemos de nuestra parte, cuanto más hay de uno en la voluntad y el ejercicio constante de mejorar la vida de los demás y la propia, más se reduce el azar. Y quizás sea ese uno de los mayores secretos de la existencia, una maravillosa obviedad. LA BUENA SUERTE en realidad DEPENDE ESENCIALMENTE DE UNO: de ti.

Es por ello que el mago Merlín lo tiene también claro, y este es su mensaje final:

## TÚ ERES LA CAUSA DE TU BUENA SUERTE

Eso no significa negar que el azar juega muchísimo en la partida de la vida. Pero en la medida en que nos preparemos para crear circunstancias para la buena suerte, ésta surgirá con mayor facilidad.

Ve a por ella, ve a por tu buena suerte, crea tus circunstancias, prepárate, reduce el azar, y, cuando logres tus tréboles mágicos de buena suerte compártelos con los demás. Enséñales a crear circunstancias para mejorar su vida y la de quienes les rodean, para seguir creando e impulsando sin fin la Buena Suerte.

*Álex Rovira & Fernando Trías de Bes*